POESIA CRISTÃ
VOL. I

Copyright © 2020 Rafael Henrique dos Santos Lima e RL Produções literárias

Todos os direitos reservados. Nenhuma parte deste livro pode ser reproduzida sob quaisquer meios existentes sem a autorização do autor deste livro.

Para autorizações contate: rafael50001@hotmail.com / rafaelhsts@gmail.com

Sobre esta obra

Os poemas foram inspirados por Deus e são para mostrar a sua glória. Estes foram escritos entre 2014 e 2015.

São apresentados diversos temas, como, família, vida pessoal, vida cotidiana, salvação, vida eterna, narrativas de histórias bíblicas, etc.

Palavras na Cruz

Adorar
Ajuda
Amor
Caminho
Cristo
Cruz
Deus
Esperança
Espírito Santo
Fé
Forças
Glória
Jesus
Lutar
Luz
Oração
Ouvir
Palavras
Paz
Poesia
Reino
Renovação
Rima
Salvar
Seguir
Senhor
Texto
União
Vencer
Vida Eterna
Vida nova
Viver

Índice

Libertação vinda do Senhor

Eles eram escravos de um perverso faraó,
Que só os alimentava de migalhas e pó.
Todos eles eram massacrados.
Construindo estátuas para os egípcios,
Em trabalhos pesados e forçados.

O Senhor mudou aquela história,
Fez um pacto com Moisés e Arão.
Falando a eles sobre uma bela liberdade,
Livrando-os do tormento e da escravidão.

Muitos creram nas palavras deles e os seguiram,
Moisés falou ao faraó as palavras de Deus,
Suplicando pela liberdade dos seus,
Mas o coração do faraó se endureceu.
E a tão sonhada partida não aconteceu.

Naquela terra, Deus fez sinais e maravilhas,
Mesmo assim, o faraó não acreditava.
Pois tinha magos e feiticeiros que a tudo imitavam.

Por fim, Deus mandou a praga final,

Matou os primogênitos de toda a terra,

Livrando somente os hebreus deste mal.

Depois disso, o faraó muito temeu,

E a tardia e a sonhada liberdade os deu.

Os hebreus estavam saindo do Egito,

Já estavam quase fora, mas veio uma perseguição,

Eram muitos carros e cavaleiros que iam em sua direção.

O Senhor os livrou novamente,

Abrindo o mar para que pudessem passar,

Todos os filhos de Israel passaram.

E quando no mar, os egípcios entraram,

O Senhor fez o mar se fechar.

Os cavaleiros, eles viram mortos no mar.

Só o Senhor Deus para tal livramento executar.

Cristo

Um dia andávamos todos espalhados.

Cada um seguia seu caminho.

Não havia companhia e nem ajuda.

Era um triste destino, seguíamos sozinhos.

Mesmo desunidos, muitos tinham esperança.

Esperavam por algo novo e renovado.

A fé os mantinha firmes e seguros.

Eles esperavam a nova aliança,

Que seria Aquele vindo direto do Senhor.

No tempo certo, Ele veio,

Muitos o reconheceram e o amaram.

Mas outros só lhe deram o desprezo.

Eles não criam em seus sinais e maravilhas,

E ainda buscavam pegá-lo em armadilhas.

Mas que força tem o homem perante o Senhor?

O que pode fazer contra Deus um pobre pecador?

Eles nada puderam fazer para detê-lo.

Jesus andava, curava, ensinava, resgatava.

E a fé dos seus discípulos aumentava.

Em meio aos de fé, um fraquejou.

E por pouco dinheiro, seu Senhor entregou.

O Justo, o Filho do Homem foi oprimido!

Como ovelha inocente, Ele foi levado ao matadouro.

E lá recebeu um terrível e doloroso castigo.

Nele não havia condenação alguma.

Os reis que o julgaram, não encontraram culpa.

Mas os "sábios" do povo não aceitaram,

E por conta própria o crucificaram.

Naquela cruz foram pagos os pecados,

Os meus, os seus e de todos nós.

Com o sacrifício extremo, a dívida foi paga.

E as almas dos pobres pecadores foram salvas.

Depois da dor e do sofrimento, chegou a morte.

Naquele momento, algo grande aconteceu.

A terra tremeu, o véu do santuário se rasgou,

Inquietação em todos os lugares,

O céu se escureceu.

Chorou-se muito por aquele que morreu.

Após três dias, Deus o resgatou.

Com seus anjos, fez a pedra rolar,

Seu filho unigênito e querido, Deus ressuscitou.

E aos seus, Jesus se mostrou e se deu a reconhecer,

Assim, os fiéis viram o poder de Deus.

Que para sempre a morte venceu.

Os primeiros pecados

Através de Ti, tudo foi feito,
Todas as coisas foram criadas.
Formando assim um mundo perfeito.

E neste mundo, o Senhor fez o homem habitar.
E o homem estava muito só.
Deus deu a ele uma companheira,
Feita de parte do primeiro pó.
A companheira, o homem deve amar e cuidar.
Para que juntos possam se ajudar.

Mas no paraíso, houve uma intrusa,
Uma serpente com palavras enganosas, os seduziu,
Pecaram contra o Senhor e tiveram muito temor.
Deus logo os descobriu e do paraíso, os baniu.

Do paraíso foram expulsos e lançados na terra.
Vieram para nosso mundo, onde há fome e guerra.
A primeira batalha foi na própria família,
De Abel, Caim retirou a vida.

Ele o matou e tentou se esconder.

Mas o Deus soberano de tudo podia saber.

Caim foi amaldiçoado e sua terra não pode produzir.

Ele se afastou do Senhor.

E pelo resto de sua vida, seguiu a fugir.

O poder de Deus

Todos os reis foram constituídos por Ti,

Todas as autoridades vieram de Ti.

O poder que eles têm, vem do Senhor,

Tudo o que mandam, foi Deus quem autorizou.

Somente o Senhor é capaz de algo mudar,

Com seu imenso poder e forças, tudo pode se transformar.

O homem é somente um instrumento enviado,

Para cumprir o que por Deus foi designado.

A mão de Deus está para tudo governar,

Permitindo ao homem algumas coisas, mudar.

O comando para a ação é do ser humano,

Mas a execução pertence ao Deus soberano.

Reconheço que só Deus pode tudo,

Só o Senhor controla todo o mundo.

Todas as coisas que podem acontecer,

Sei que são de Deus e de seu poder.

Morada entre nós

O Senhor que nos altos céus está.

Com olhos onipresentes, todos, está observando.

Com ouvidos oniscientes, todos, pode ouvir.

Com o Espírito Santo, em todos os lugares, está.

Sempre desejamos ficar mais próximos de Ti,

E uma morada construímos para a sua habitação.

É um templo que fizemos por aqui.

Para que aos seus ouvidos chegue a nossa oração.

Além de orar, sempre vamos ao templo te louvar.

Cânticos belos, que o Senhor nos deu.

Cânticos de adoração e agradecimento.

Isso fazemos, para sempre te glorificar.

Só a sua glória pode nos encher,

Ficamos cheios do Espírito Santo.

Que nos consola, aconchega, conforta,

Aquele que nos traz a verdadeira e eterna paz.

Sacrifício e arrependimento

Um dia, o maior sacrifício foi feito,
Jesus Cristo pagou por nossos pecados.
Como prova de seu amor grande e perfeito.

Deus nos amou de tão grande maneira,
Que deu seu filho unigênito para nos salvar,
Esperando que depois de sua vinda,
Todas as pessoas o iriam adorar e amar.

As pessoas se esqueceram do sacrifício.
As pessoas se esqueceram disso,
Vivem praticando todo o tipo de maldade,
Estão entregues à perversidade.

Eles precisam voltar a acreditar na cruz,
Lembrando-se do sofrimento de nosso Senhor.
Pensar que o que Ele fez tem muito valor.
E entender que só Cristo é o Salvador.

Só assim Deus pode a todos perdoar,
Todo o horrível pecado, Ele vai apagar,
E todas as almas que confessarem o Senhor Jesus,
O Senhor Deus irá salvar através do seu amor.

O pobre e o rico

Ao acordar vemos que está tudo errado,
O pecado reina por todos os lados.
Esqueceram-se d'Aquele que por nós foi sacrificado.
Só querem saber de ganhar mais e mais poder.

No outro mundo o poder nada vai valer.
Tenta comprar o diabo para você ver!
O demônio vai rir muito de você e dizer:
Você teve a chance de mudar e se arrepender,
Mas ao invés disso, preferiu buscar mais poder.

Naquela hora já será tarde demais,
O dinheiro não mais te satisfaz.
Só o choro e o ranger de dentes você tem.
Do que valeu naquela na sua vida,
Você querer ter tanta nota de cem?

Você vê aquele homem que humilhou,
Agora ele está em paz com o Senhor.
No lugar dele você queria estar.
Olha que irônico, na vida era o contrário!
O pobre queria ser milionário.
E aqui na morte, o rico quer ser salvo.

Pode ficar tranquilo, todo mundo morreu.

Só que o humilde foi para Deus.

E você vai pegar pelos pecados que cometeu...

O Senhor me ouve

Senhor, eu quero te seguir sempre.
Quero andar pelas veredas da verdade.
Ajuda-me Deus, a do mal me libertar,
Quero ser liberto de minhas vaidades.

Desejo ter uma plena e verdadeira adoração,
Ficando em espírito de louvor e oração.
A todo o momento, sentir a tua presença,
Sentir a todo o tempo o teu Espírito Santo.
Quero estar sempre na cobertura de teu manto.

Deus! Que a minha voz o Senhor possa ouvir,
Que as minhas orações ao teu trono venham subir.
Que os teus ouvidos estejam atentos a minha súplica.
E a tua mão venha para ser minha ajuda.

Obrigado Senhor por sempre me dar atenção,
Obrigado Deus por não desviar de mim sua bênção.
Que as minhas orações cheguem ao Senhor todos os dias,
E que sua proteção e amor, nunca saiam de minha vida.

A força do profeta de Deus

Oh Senhor, como és maravilhoso!
És o único e verdadeiro Deus.
O único que tudo pode fazer.
E a todos os males pode vencer.

A tua palavra é verdadeira e fiel.
Não há quem possa contestar.
Alguns até querem te desafiar.
Mas no final somente o Senhor prevalecerá.

Um dia o seu profeta foi desafiado.
Quatrocentos homens vieram peitá-lo.
Aqueles homens, nada puderam fazer.
Pois o Senhor fez o seu vencer.
E veio fogo divino e puro poder.

Aqueles homens foram lançados na terra,
Sobre eles veio a espada, seus corpos jogados no chão.
Para que não mais façam males.
E nem façam pecar a santa nação.

Mudança vinda de Deus

Éramos todos pobres e pecadores,
Vivíamos guiados por outros senhores.
Estávamos atrás de outros valores.
Não importando se nos causavam dores.

Por muito tempo andamos por caminhos errados.
Se Deus estava aqui, íamos pelo outro lado.
Seguindo coisas estranhas e inúteis.
E buscando nossas vaidades fúteis.

Mesmo assim, o Senhor nos amou,
Uma mudança em nossas vidas, Ele determinou.
O seu Santo Espírito veio sobre nós para nos transformar.
As nossas vidas tortas, começaram a se consertar.

Aos poucos, as nossas vidas foram mudando,
Em novas pessoas fomos nos transformando.
O que era velho e sujo, não mais ficou,
Uma nova pessoa, com novo desejo, brotou.

Nasce um convertido ao Senhor,

Fruto do verdadeiro e puro amor.

Amor forte para que pudesse resgatar,

Um amor capaz de minha alma salvar.

Sua proteção

Ao acordar, a sua presença posso sentir.

Abro meus olhos, respiro, desperto.

Há um fôlego de vida em mim.

Se estou vivo, agradeço somente a Ti.

O Senhor é meu amigo e protetor,

Colocando seu escudo em mim,

Livrando-me dos males e do destruidor.

Confio em seus caminhos e estatutos,

Procuro seguir a sua santa palavra,

E aprender mais sobre o Senhor.

Desviando-me da maldade do mundo.

Neste mundo terrível, só o Senhor pode ajudar.

Pois são tantas coisas contra mim,

Muitos males querem se levantar,

Mas o Senhor está comigo para me salvar.

E de tudo o que for ruim, Ele vai me livrar.

Obediência

O Senhor sempre nos orienta,

Está sempre mostrando o caminho a seguir.

Ele nos fala por onde devemos ir,

Para que os males não venham nos afligir.

O seu caminho é bom e agradável,

É uma estrada reta e sem desvios.

Há algumas lutas e dificuldades,

Mas Deus está conosco e nos ajuda.

Para seguir este caminho é simples,

Basta louvar, adorar e obedecer.

Fazendo isto, Ele terá compaixão de você,

E sempre vai te ajudar e proteger.

Melhor que sua proteção não há.

Sejamos sempre obedientes e gratos.

Para que Deus se agrade nós,

E com prazer possa nos ajudar.

A criação e a destruição

O Senhor criou tudo,

Desde os pequenos seres, até as feras selvagens.

Ele fez tudo, mas entre todos, fez um especial,

O ser humano, que sobre os outros é o maioral.

O ser humano foi feito para louvar e adorar.

No começo foi assim, só que depois não mais.

O ser humano se perdeu e muito pecou.

Entristecendo muito aquele que o criou.

Uma multidão de pecados dominou a Terra,

Irando a Deus, deixando-o arrependido.

O Senhor pensou que com tudo deveria acabar,

E todos os humanos exterminar.

Antes de destruir tudo, alguém foi gracioso para o Senhor,

Foi Noé e sua família, os quais Deus amou.

O Senhor se compadeceu com eles e decidiu livrá-los.

Uma arca, Deus ordenou fazer,

Pois a grande tempestade viria à Terra.

E somente com a arca poderiam sobreviver.

Noé construiu conforme a ordem do Senhor,

Colocou todos os animais e sua família.

Depois veio a tempestade de Deus com grande furor.

Toda a Terra foi arrasada e nada restou.

Depois do dilúvio, as chuvas cessaram.

Noé e sua família saíram, adoraram a Deus,

E uma nova vida na Terra, eles começaram.

Morada do Senhor

Quem somos nós perante a Ti, Senhor?

O que são as nossas vidas, senão um vapor?

Mesmo assim, em nós, o Senhor se alegrou.

E numa casa escolhida, Ele habitou.

É uma casa de louvor e adoração.

Onde vamos suplicar a sua unção.

Um local para falar com o Senhor.

Ficamos mais próximos de seu amor.

Quando estamos perdidos, vamos te procurar,

O Senhor nos ouve e vem nos alegrar.

Quando pecamos, vamos pedir perdão.

O Senhor vem até nós e estende a sua mão.

Só o Deus verdadeiro pode nos ouvir,

Só o Senhor estará conosco até o fim.

Pois grandiosa é a sua benignidade,

E suas bênçãos são para toda a eternidade.

Socorro de Deus

Um dia, em grande angústia estava.

Pensando: "Quem poderá me ajudar?

Quem virá me salvar?"

Eis que veio a mim a resposta:

Filho meu, confia, pois o Senhor contigo está.

No meu Senhor e meu Deus, eu confiei,

Deixando que Ele agisse em minha vida.

Ele agiu de forma magnífica.

Salvando-me todos os meus dias.

A mão de Deus foi comigo,

Protegendo-me, abençoando-me, livrando-me.

De todo tipo de inimigo que aparecia,

O Senhor estava sempre comigo e me protegia.

Sacrifícios

Muitas vezes vamos te fazer um pedido,

Pedimos ajuda para algo alcançar.

Vamos com súplicas, louvor e adoração.

O Senhor nos ouve e está atento ao desejo do nosso coração.

Os teus ouvidos ouvem nossas súplicas e gemidos.

O nosso coração se liga ao Senhor,

Esperando por sua benção,

E por uma resposta em nosso favor.

Para que o Senhor atenda o nosso desejo,

É necessário nele confiar.

E alguns sacrifícios poderão ser necessários,

Para a sua graça alcançar.

O sacrifício deve ser com prazer e alegria.

Para que o Senhor possa se agradar.

E a tão sonhada benção, Ele irá nos dar.

Pecador

Eu sou um pobre pecador.

De suas graças, não sou merecedor.

Muitos erros e transgressões, eu cometi.

Não sou digno de seu afeto sentir.

Mesmo assim, o Senhor me amou,

Livrando-me de um destino terrível.

O Senhor veio a mim e se apresentou.

A sua palavra, a minha vida mudou.

O Senhor é um Deus maravilhoso,

Livrou meu espírito de um fim doloroso.

A sua mão veio me buscar,

E à salvação, vai me levar.

Só o Senhor é Deus!

A sua benignidade dura para sempre.

O Senhor é tão bom,

Que até o pobre pecador, pode amar.

E à salvação eterna, o levará.

Obra abençoada por Deus

Oh Deus! Nós mesmos, nada podemos fazer,
E se há algo que façamos,
Foi graças a sua permissão e bom parecer.
Só o Senhor sabe o melhor para nosso viver.

Antes de fazer algo, devemos dar glórias a Ti.
Para que a nosso favor venha intervir,
Que uma boa obra possa ser realizada,
Sendo por sua mão muito abençoada.

A sua mão anda conosco para nos ajudar,
Frutificando todas as nossas boas obras.
Aquelas que a todo tempo vão nos edificar,
Assim, as nossas vidas vão melhorar.

O Senhor quer que possamos melhorar,
Basta obedecê-lo e nele confiar.
Tudo de bom a nosso favor se moverá.
Para que o plano de Deus possa se realizar,
E depois, com muita gratidão, vamos te glorificar.

Resgatado pelo Senhor

Eu achava que minha vida em perfeito caminho andava,
Tudo corria bem e muito eu prosperava.
Mas algo estava muito errado.
Eu não tinha Deus ao meu lado.

Tudo o que tinha eram maus frutos.
Nada era correto e limpo,
Todas as coisas compradas com dinheiro sujo.

Naquele momento, só pensava em dinheiro.
E me esqueci dos mandamentos do Senhor.
Um dia, Deus operou a meu favor,
Fazendo-me enxergar todo aquele horror.

Mesmo sabendo que estava errado,
Não quis mudar de imediato. Eu pensava:
"O que há de errado?
Se faço isso, é porque estou sendo lesado."

Para Deus não funciona assim!

Um dia, finalmente saí dali.

Achei que iria evoluir.

Mais uma vez estava errado,

E tudo que fiz se voltou contra mim.

Perdi tudo o que havia construído.

Estava no mais profundo precipício.

Olhei para o alto e pedi perdão a Deus.

Tinha fé que Ele encontraria algo bom em mim.

E Ele veio até mim e me perdoou,

Passei por muitas provas e tribulações,

Depois de tudo isso, Ele me levantou.

Agora, sempre busco adorá-lo.

Confio nele sem fraquejar.

Sei que tudo, Ele pode mudar.

E qualquer vida, Ele pode consertar.

Teste de Deus

Eu sempre tentei fazer meu melhor,
Ser uma boa pessoa temente a Deus.
Um dia comigo algo aconteceu.
E coisas ruins me sucederam.

Perdi praticamente tudo que tinha.
Num piscar de olhos estava arruinada a minha vida.
Não conseguia entender o porquê daquilo.
Só podia ver que todos meus sonhos estavam destruídos.

Questionava com Deus:
Senhor, por que isso me aconteceu?
Sou temente a Ti, sou um dos seus.
E logo vinha a resposta:
Você sabe o porquê, filho meu.

Eu sabia o motivo de tudo.
Afinal, por muito estive com Deus e com o mundo.
Aquilo era minha prova, minha tribulação.
O Senhor testava o meu coração.

Mesmo sabendo que tudo vinha de Deus,

Não foi nada fácil suportar.

Muitas vezes chorei e chorei.

Esperando Deus me escutar.

Deus sempre me respondia:

Calma filho, vai chegar seu grande dia.

Nessa espera a angústia me dominava,

Passava o tempo e eu mais chorava.

No tempo determinado tudo se consertou,

Todas as angústias foram saradas pela mão do Senhor.

Como está na sua palavra: Ele é o nosso Salvador,

Foi um grande socorro e dos males me livrou.

Agora só quero O adorar,

Buscá-lo cada vez mais e mais.

Para que mais possa me abençoar,

E para a vida eterna me levar.

A recompensa de cada um

Às vezes, parece que tudo está ao contrário,
O que faz tudo certo passa por grande aperto.
E tudo dá certo para quem faz tudo errado.
O mundo parece estar de cabeça para baixo.

Quem é correto vê tudo isso e fica revoltado,
Pensando: "Como Deus deixou isso acontecer?
Como Ele pode deixar os justos tanto sofrer?
E aqueles que pecam só fazem enriquecer."

Não se preocupe, pois Deus sabe de tudo.
Ele tem o controle de todo o mundo.
Mesmo você achando certas coisas um absurdo.
Deus tem um plano perfeito para tudo.

Não questione Deus porque o mundo é assim!
Ele é o Todo Poderoso!
E não deve explicação a você ou a mim!
Ele sabe de tudo e o que é ímpio terá seu fim.
Pode ter certeza que será muito ruim.

Do que adiantou o ímpio tudo ganhar?

Se a sua alma só fez condenar.

Afastou-se de Deus e dele, nada quis saber.

Agora no final da vida, só resta para sempre perecer.

O Senhor vê o sofrimento do justo,

E o satisfaz de acordo com cada necessidade.

Mas muitas vezes, queremos mais,

Não por necessidade, mas para nossa vaidade.

Deus nos dá o que sabe que não nos prejudicará.

Do que adiantaria ter tudo que desejar,

E de Deus, o coração se afastar?

Assim, nossa alma, a vaidade irá condenar.

Para o justo e fiel é guardado o grande galardão,

Ter uma vida com plenitude e paz,

Morrer tranquilamente e ir para a eterna salvação.

A glória de Deus

Senhor, a cada dia, posso ver a sua glória,
Acordo todos os dias com paz e disposição.
A cada novo dia, posso viver em alegria.

Vejo a sua glória ao olhar para os céus,
Vendo as estrelas, a lua, o sol,
Todos foram criados pelo Senhor,
Para serem para nós como um farol.

Posso ver a sua glória olhando o mar,
Quão imenso ele é!
Quantas criaturas há em suas profundezas!
Debaixo das águas há tantas belezas.

Vejo a sua glória quando vejo algumas obras,
Afinal, tudo o que foi criado foi inspirado pelo Senhor,
E o ser humano é apenas o construtor.

Senhor, vejo a sua glória em toda a Terra,
Tudo o que fez é tão perfeito!
Tudo está no lugar certo.
Só o Deus maravilhoso tudo pode fazer,
Um grande e eterno pai com muitos filhos.

Filhos que o Senhor só faz amar.

Dando-nos tudo o que vamos precisar,

Preparando-nos para a glória maior,

Quando a vida eterna nos dará,

Onde sempre iremos dar glórias e Te adorar.

Louvar a Deus

Senhor, é tão bom cantar louvores a Ti,
Eles são a oração da minha alma.
Com louvores posso Te declarar meu amor,
E também meditar, ter paz e calma.

O louvor é uma pura oração,
É uma declaração de amor.
É maravilhoso, pois vem do coração.
Fazendo-me ficar em espírito de adoração.

A Ti adoro com meus lábios,
Confesso a Ti toda a minha gratidão.
Lembro-me de todas as tuas bênçãos,
Alegro-me por achar em Ti compaixão.

Só o verdadeiro Deus, vou sempre louvar,
O Senhor é digno de toda a honra e louvor,
Pois primeiro, o Senhor me amou,
E da morte eterna, Ele me salvou.

Estou sempre louvando e esperando em Ti,

Espero o dia em que vai voltar e me buscar,

Para a vida de paz eterna vai me levar,

E no seu Santo templo, para sempre vou te louvar e glorificar.

O perdão de Deus

Senhor Deus, perdoa os meus pecados,

Sou um pobre e pequeno pecador.

Sou fraco e de Ti estou necessitado.

Perdoa-me por meus atos errados.

Que a sua misericórdia esteja comigo,

Apagando meus erros e transgressões,

Proteja-me Senhor das acusações do inimigo,

Pois ele deseja me destruir com as suas opressões.

Lembra-te Senhor do meu bom coração,

Que os meus bons dias, sejam agradáveis para o Senhor.

Que o seu perdão seja uma aliança de amor comigo.

E a sua benignidade esteja comigo para sempre.

Sara-me de toda a impureza e maldade,

Que em seus caminhos, eu possa andar.

Encontrando a verdadeira paz e felicidade,

E na sua habitação celestial, eu possa morar.

O nascimento

Há dois mil anos, algo muito especial aconteceu,
Em uma pequena cidade, Belém, uma criança nasceu.
Não foi um simples nascimento,
Na história humana, foi o maior evento.

Uma nova estrela veio para o mundo se iluminar.
Era Jesus Cristo, o nosso Senhor.
Ele veio para a verdade nos ensinar.
A verdade que só Ele pode nos salvar!

Deus o enviou para nos libertar.
Da eterna morte, Jesus veio nos livrar,
Perdoando os nossos pecados,
Assim, com Deus estamos reconciliados.

Todo o louvor e glória sejam dados ao Senhor,
Que mesmo sendo falhos, muito nos amou.
Dando o seu filho único para nos resgatar,
Pagando Ele um altíssimo preço,
Para a vontade do Pai realizar.

Confiança no Senhor

Às vezes, sou zombado,
Chamam-me de louco, fanático, idiota.
Não ligo para nada disso.
Pois com o Senhor tenho um compromisso.

Devo meu louvor e glória a Deus,
Só Ele é o meu único Senhor.
Dedico a Ele todo o meu clamor,
Confio na sua providência e favor.

No caminho de Deus, eu sigo feliz,
Obedecendo aos seus mandamentos e leis.
Esforçando-me para sempre agradá-lo.
Esperando pela volta do Rei dos reis.
Jesus! Que virá nos salvar.

Eu te amo Senhor meu!
Espero pelo retorno que prometeu.
Guia-me sempre até o dia chegar,
Pois contra mim, muitos vão se levantar.

O maior sacrifício

Oh Senhor, como posso te agradar?

O que posso fazer para me aprovar?

Algum sacrifício financeiro poderia fazer,

Mas o que dar aquele que é o Deus e tudo pode ter?

Há uma coisa muito valiosa que posso dar,

O meu coração, posso te entregar,

Obedecendo às suas leis e estatutos.

Mantendo o meu coração sincero e puro.

Em minha vida, o Senhor sempre reinará,

A sua palavra, todos os dias, vai me guiar.

Dessa forma, o seu favor, posso alcançar.

E a minha vida, o Senhor abençoará.

Deus! A tua graça é maravilhosa!

Com o Senhor a minha vida está gloriosa.

As suas bênçãos estão sempre comigo.

Obrigado, Senhor, pelas suas misericórdias.

Obrigado por ser o meu melhor amigo.

Misericórdia de Deus

Senhor Deus, venha me socorrer!

Estou muito fraco e angustiado,

Necessito do seu maravilhoso favor.

Demonstre por mim, o seu grande amor.

São tantas coisas que se levantam contra mim.

Parece que não tenho nenhuma saída.

Parece que esse será o meu fim.

Socorre-me apressadamente Senhor!

Em sua misericórdia e piedade, eu vou sempre confiar.

O Senhor é o Deus do impossível,

Aquele que tudo pode mudar.

Só a sua mão pode me socorrer e ajudar.

Oh Deus, ouça o meu choro e clamor!

E manifeste em mim o seu favor.

A sua ajuda é minha maior recompensa.

E essa ajuda sempre vem de maneira especial,

Vem sobre mim de forma imensa.

Seguindo a vontade de Deus

O que é minha vida nesta Terra?

É somente um pequeno vapor que logo se dispersa.

Em meus planos, não devo me exaltar.

Nas minhas próprias mãos, não devo confiar.

Devo confiar somente no Senhor.

Ele é quem tudo pode fazer.

Ele é quem faz minha obra crescer.

Só o Deus maravilhoso pode mover o mundo.

As suas mãos estão sobre toda a Terra,

O Senhor é o único que tudo governa.

Os seus olhos contemplam o meu caminhar,

Se faço algo conforme a sua vontade,

O Senhor faz meu plano prosperar.

Desse modo, mantenho o meu planejar,

Sempre pensando: "Se o Senhor quiser e abençoar,

Farei isso ou aquilo, pois se Ele abençoar,

É a confirmação que faço para agradá-lo.

Assim minha vida e obras vão prosperar."

Agradecimento a Deus

Louvo e agradeço a Deus todos os dias,
Ele sempre está comigo, é o meu Senhor e protetor.
Ele não deixa faltar absolutamente nada.
Ele é o único e verdadeiro Deus de amor.

Ele me ama como eu sou, fraco e imperfeito.
Deus me escolheu para ser seu filho.
Tirou-me de um lago de lodo e sujeira,
E me colocou na retidão, em justas veredas.

Ele analisa o meu caminhar,
Guia meus passos para um lugar largo e espaçoso.
Um lugar onde há muitas delícias e felicidade,
É um lugar abençoado, onde reina a verdade.

Senhor, conserva-me em seu bom caminho,
Livra-me dos males que me perseguem.
Lute contra os inimigos que buscam o meu fim,
Abençoa-me sempre e que sua mão sempre esteja perto de mim.

A palavra de Deus

Oh Senhor! Sua palavra, devo obedecer,
Todos os seus juízos são sábios.
Os seus estatutos são muito agradáveis.
Para as nossas vidas, a sua palavra é um bom prazer.

Só a sua infinita sabedoria pode nos guiar,
Os seus preceitos são perfeitos,
Para que em paz possamos andar.
E do mal vamos nos desviar.

Dá-nos Senhor um bom entendimento,
Assim olharemos melhor a sua lei,
E seguiremos o seu verdadeiro mandamento,
Com sabedoria, paz e discernimento.

Obrigado Senhor, pela direção que nos dá.
Um caminho de verdade, luz e vida.
O caminho para a nossa alma salvar.

Louvai a Deus

Devemos sempre louvar o Senhor,

Devemos louvar sempre com muito amor.

Com muitos instrumentos e com nossa voz.

O louvor deve ser puro e de coração,

Deus receberá o louvor com satisfação.

Anunciemos todas as bênçãos do nosso Deus,

Cantando as maravilhas que faz aos seus.

Proclamando o quanto é bom segui-lo.

Dizendo como é bom ser seu filho.

Louvando com um canto belo e agradável.

Somos um povo santo e escolhido,

O Senhor nos tomou como filhos.

Cantemos isso para todas as nações.

Para que o nosso Deus seja louvado.

Senhor Deus, é maravilhoso louvar a Ti.

Pai coloca um novo cântico em mim.

Para que eu possa todos os dias te louvar,

E o seu Santo Nome, sempre exaltar.

O cuidado de Deus

Onde há o Senhor Deus, mal não há.

Ele me livra de todo o mal que se levantar,

A sua mão é poderosa para salvar,

Os seus filhos, Ele sempre guardará.

O Senhor ama os seus filhos,

Nunca os desampara e nem os deixa necessitados.

Deus sustenta seus amados.

Sob a sua proteção, eles estão guardados.

A proteção de Deus é poderosa.

Guiando os passos e caminhos de cada um.

Não deixando o fiel se perder ou enganar.

Conduzindo-o para poder se salvar.

A salvação não é só dos males da Terra,

Há salvação para a vida eterna.

Onde todos estarão sempre com nosso Senhor.

Desfrutando do mais perfeito amor.

A sabedoria de Deus

O Senhor sabe de todas as coisas,

Só a Ti pertence o verdadeiro saber.

A sua inteligência é gigantesca e infinita,

E em todas as suas obras, elas habitam.

As suas obras são maravilhosas,

Suas construções são gloriosas.

Perfeitíssimo é o seu planejar.

Regido por seu soberano conhecimento,

Faz tudo corretamente se acertar.

O seu acerto é permanente.

A sua realização é fiel e confiável.

Ao ver a conclusão do seu plano,

Vejo como é um Pai sábio e agradável.

Quão grande é a sua sabedoria,

O Senhor tem todo o conhecimento,

Dá-me Senhor bom entendimento,

Pois esta será para mim uma grande alegria.

O trabalho de Deus em mim

Senhor, eu amo a sua correção.
Como um bom pai, o Senhor me repreende.
Eu entendo que não é para o meu mal.
É para criar em mim um bom coração.

O meu caráter é moldado pelo Senhor,
A sua mão vem e molda o meu ser.
Como um vaso, vou sendo modelado.
Sempre com suas mãos de amor.

A minha forma, muito já mudou,
Aos poucos, o Senhor me transformou.
Ele me tirou daquele velho barro,
Fazendo um vaso de honra e valor.

Que a sua mão sempre esteja comigo,
Que o meu coração em Ti encontre abrigo.
Pois uma nova criatura, agora sou.
E quero sempre estar com o Senhor.

Gratidão a Deus

Obrigado Senhor, pelas minhas possessões,
Dou-te glórias por tudo o que tenho.
O Senhor provê tudo o que é necessário,
E também me livra das confusões.

Tudo que o Senhor dá é precioso,
Pois com muito amor, o Senhor dá.
Que eu sempre ache graça aos seus olhos,
E o Senhor faça minha vida melhorar.

Quero que minha vida esteja no centro de sua vontade,
Que eu tenha um coração reto e generoso com todos,
Para que em minha vida reine a bondade.

A bondade é agradável ao Senhor,
Pois Ele é um Deus de muito amor.
Por tudo o que fizer de bom, sempre o exaltarei,
Se tenho algo, foi de Ti que ganhei.

A proteção diária

Senhor, abençoe o meu dia,

Abençoe e guia meu caminhar,

De todos os males que se levantam,

O Senhor me guardará.

Todos os dias, muitas coisas, vou enfrentar,

São pessoas que podem se levantar,

Armadilhas malignas para me pegar,

Laços destruidores tentando me apanhar,

Em meio a tudo isso, há Deus para me livrar.

Ele é o Senhor Deus, o Todo Poderoso!

Só Ele pode me proteger,

Ele não deixará nada me abater.

Deus não deixa o mal prevalecer.

De todo o mal, Ele me livrará,

O meu Deus é o melhor que há!

Pois minha vida, Ele sempre vai salvar,

E para a vida eterna, Ele vai me levar.

O plano de Deus

Aplica em minha vida o seu querer,

Quero que em minha vida faça o seu proceder,

Pois somente o Senhor sabe o melhor para mim.

Desejo que o Senhor me guie até o fim.

Só a sua vontade é reta e perfeita,

Os seus caminhos são largos e espaçosos,

O Senhor conduz a bons lugares,

Lugares excelentes, lugares maravilhosos.

Senhor não me deixe desanimar,

Segura a minha mão, firma o meu caminhar.

Muitos são os problemas e aflições,

E grandiosas são as tribulações.

Eu confio plenamente no Senhor,

Guarda-me no dia de angústia e escuta o meu clamor.

Dá-me forças para sempre continuar,

Desejo ser submisso a sua vontade, e sempre te glorificar.

Deus, eu aguardo o seu proceder,

Sei que quando agir será algo sobrenatural,

Verei a sua grande glória e poder.

Sua grande bênção, vou receber.

A semana

No domingo, eu vou à igreja,

Busco a Deus com todo o meu coração,

Com muitos louvores e oração.

Volto para casa me sentindo curado.

O Senhor me dá novas forças e fico renovado.

Vem a segunda-feira e já chega a dureza,

Paro e penso: "Oh Deus, que tristeza!"

Logo Deus toca o meu caminho.

E retira de mim toda a fraqueza.

Na terça-feira se aproxima a tentação.

É tanta coisa que aparece em minha vida,

Tentando me desviar da benção.

Só Deus pode me livrar dessa situação.

É chegada a quarta-feira!

E os problemas vêm de igual maneira.

Só Deus para me livrar.

Orando e peço a ele para me guardar.

Logo já é quinta e está quase acabando,

A semana, a paciência, a paz e a tranquilidade.

Só as lutas é que não estão terminando.

Tento seguir sempre firme e forte,

Pois a semana já está terminando.

Graças a Deus, já a sexta-feira,

O dia em que novamente vou à igreja.

Nesse dia, muito vou orar,

Preciso muito me renovar,

Pois a semana me desgastou.

Finalmente é sábado, o dia de descansar,

O dia para eu tentar me renovar,

Amanhã é domingo, uma nova semana vai começar.

Com novos desafios e lutas.

Mas não vou desanimar,

Sei que Deus comigo está.

E de todos os males, vai me livrar.

Falsos deuses

Há coisas que as pessoas insistem adorar,
Pode ser uma imagem ou outras coisas...
Adoram inutilmente, pois neles, poder não há.

As imagens têm boca e não podem falar,
Ouvidos e não podem escutar.
Nem espírito vivo para responder.
Ficam sempre paradas e nada podem fazer.

São obras de homens pecadores,
Que as fazem para multiplicar os adoradores,
Em madeira, pedra ou metal,
Elas são feitas para a multiplicação do mal.
Pois há somente um que devemos adorar:
O Senhor Deus!
O nosso clamor, Ele pode escutar,
Somente para Ele devemos orar.
Só o Deus Todo Poderoso pode tudo mudar.

Não busque deuses feitos por humanos,
Eles são somente más obras de homens mundanos.
Eles são uma abominação para o verdadeiro Senhor,
Ele deseja de nós o puro amor e louvor.

Louve somente ao verdadeiro Deus,

Ele nunca vai nos desamparar,

Só Ele pode te salvar e à vida eterna te levar.

Esperar no Senhor

O Senhor age de forma misteriosa,

Ele faz coisas que não conseguimos compreender.

Mas no tempo oportuno, a sua glória vai aparecer.

Mostrando a todos a sua mão poderosa.

A mão de Deus vem nos ajudar,

Não no tempo que queremos.

No tempo perfeito de Deus, ela virá.

No momento que o Senhor determinar.

Não é fácil esperar pelo tempo do Senhor,

Pois somos muito fracos e não resistimos à dor.

Mesmo com dores, precisamos ter muita fé.

Temos o Deus que tudo pode mudar!

Em nosso socorro, o Senhor não tardará.

Confie nos caminhos do Deus Todo Poderoso,

De todos os males, Ele nos livrará,

De muitos laços e maldições, Ele nos afastará.

Quando se sentir só, ore com o coração,

E a sua aflição, o Senhor ouvirá.

Ele te dará forças para continuar.

Não desanime, fique firme na eterna rocha.

Quando estamos em grandes batalhas,

É sinal de que a grande vitória está próxima.

Espalhando a boa nova

Ide por todo o mundo e espalhe a boa nova.

Essa é a instrução que Jesus nos deu,

Ele é a boa nova que Deus prometeu.

Devemos levar isso a todo o mundo.

Para poderem se lembrar do cordeiro que pereceu.

Ele morreu para todos serem salvos,

Para termos a chance de ser renovados,

E ser limpos de todo o pecado.

Com uma nova vida em Cristo Jesus,

Devemos espalhar a sua salvação pelo mundo.

Muitos estão perdidos e sem direção.

Precisando de uma palavra de amor.

Algo verdadeiro, que toque o coração.

O evangelho de Cristo tem esse poder.

O poder para todos se libertarem,

Poder para todos se curarem.

Para que as pessoas possam conhecer Jesus,

Só depende de mim e você.

Precisamos espalhar a mensagem,

Assim, em Cristo, muitos poderão crer.

Livrando-se do mundo que os faz sofrer,

Indo para Deus que vai protegê-los.

Agora, já sabemos o que devemos fazer:

Ir por todo mundo e falar de Jesus,

Dando o testemunho do sacrifício na cruz.

Retirando as pessoas das trevas e trazendo à luz.

Dessa maneira, o mundo, podemos mudar.

Resgatando as almas que estão perdidas.

Assim, muitas vidas vão se salvar,

E na eternidade, juntos, todos vamos estar.

Caminho com o Senhor

O Senhor nos tem por povo escolhido,
Ele nos separou do resto do mundo.
Ele nos tomou para sermos seus filhos,
E está sempre caminhando ao nosso lado.

Conosco está a sua poderosa mão.
Com seu braço forte, Ele nos livra da desolação.
Livrando dos que se levantam contra, os inimigos.
O Senhor nos dá um seguro abrigo.

Para ter tudo isso, Ele só pede uma coisa:
Que o amemos de todo o nosso coração,
Afastando-nos das maldades do mundo,
E de todo tipo de abominação.

Mesmo Deus pedindo tão pouco de nós,
Alguns não conseguem obedecê-lo.
Eles seguem por seus próprios caminhos,
E pelo Senhor, não tem nenhum zelo.

Praticam todo tipo de abominação:

Idolatria, brigas, maldade e prostituição.

O Senhor fica muito triste com isso,

Ele não gosta de perder os seus filhos.

Com eles, Deus não quer se irar,

E espera que os perdidos possam se arrepender.

De braços abertos, o Senhor vai esperar,

Como um bom pai, Ele vai perdoar.

O arrependimento tem que ser de coração,

Para que Deus libere o verdadeiro perdão.

Assim, com Deus, o perdido vai se reconciliar,

E uma nova vida, cheia da graça do Senhor, vai começar.

Com muita paz, louvor e glória.

Pois está começando uma nova e mais feliz história.

A vinda do Salvador

Em tempos antigos, muitos esperaram o seu prometido.

Aquele que seria o Salvador, o escolhido.

Eles sabiam que algo bom aconteceria,

E nesse mundo, uma nova luz viria.

Seria alguém cheio do seu Santo Espírito,

Alguém para cumprir tudo o que estava descrito.

Muitas pessoas, este homem iria libertar,

Muitas nações, este homem iria salvar.

Os judeus sabiam de onde Ele viria,

Mas não sabiam quando Ele apareceria.

Todos estavam muito ansiosos e desejosos,

Eles esperavam o Messias diante dos seus olhos.

No tempo oportuno, Ele veio a este mundo,

Não nasceu na riqueza, mas sim na pobreza.

Por esse motivo, alguns não o aceitaram,

Pois esperavam que nascesse na realeza.

Entre os homens, foi desprezado,

Mesmo assim, pregou a verdade de Deus,

Todos ouviram a mensagem e Ele foi criticado.

Tiveram a audácia de dizer que Ele estava endemoniado.

Jesus não se importou com isso,

Seguiu normalmente o seu caminho.

Ele ensinava sobre o Reino dos Céus por onde andava.

E muitas pessoas eram curadas.

Ele foi o filho unigênito de Deus,

Que o Senhor enviou para o mundo resgatar.

Mas os "doutores da lei" não quiseram acreditar.

O Senhor Jesus não desistiu,

E em sua missão prosseguiu.

Ele deixou a mensagem do maior amor,

O amor que vem de nosso Senhor,

Que enviou Jesus para nos salvar,

De todos os pecados, Ele pode nos perdoar.

E à vida eterna ao lado do Pai, Ele vai nos levar.

Vida com o Senhor

O Senhor nunca nos abandona.
Ele está sempre ao nosso lado.
Até mesmo quando estamos errados,
De nós, Ele não fica afastado.

Deus espera que possamos nos arrepender,
Em nossa mudança de atitude, Ele tem prazer.
Pois o Senhor não quer nos condenar.
A nossa vida e alma, Ele deseja salvar.

Sua salvação é algo espetacular,
Deus cuida o tempo todo de nossas vidas,
E em bons lugares vai nos colocar,
Para que através de nossas vidas,
Possamos exaltá-lo e glorificá-lo.

Com uma vida abençoada por Deus,
Para muitas pessoas podemos testemunhar.
E vendo a glória de Deus em nossas vidas,
Eles podem se arrepender e se transformar.

Todos virão para Deus, nosso Salvador e Senhor,

Todas as pessoas, Ele primeiro amou.

Nossa vida, por muito tempo, Ele guardou,

Para que pudéssemos nos converter,

E declarar a todos sobre o seu amor.

A ira tardia

Israel e Judá por muito tempo estiveram pecando.

Não obedeciam à sua voz e mandamentos,

Afastaram-se de ti, Senhor, indo por caminhos maus,

Em bosques queimavam incenso e aos ídolos, estavam se curvando.

Esqueceram-se de todas as suas bênçãos.

Contaminaram-se com coisas de outras nações.

O povo de Deus se juntou a eles nas abominações.

Fazendo tudo o que parecia certo para seus corações.

Tudo isso, o Senhor observou,

Esperou muito tempo até que se irou.

Mesmo irado, não os destruiu de imediato.

Ele enviou profetas que os alertavam sobre os pecados.

Mas ninguém os quis ouvi-los,

Todos procuravam os servos do Senhor para destruí-los.

O Senhor Deus percebeu que o povo era insensato,

E ninguém buscava se arrepender dos pecados.

Por mais algum tempo, Deus segurou o seu furor,

Livrando aquele povo do ladrão e do opressor.

Ele tinha esperança que o povo pudesse mudar,

E à sua presença, pudessem voltar.

Infelizmente, a mudança não aconteceu,

Toda a nação pecadora pereceu.

Alguns foram mortos e outros ao cativeiro foram levados.

Lá ficaram tristes e desolados.

E compreenderam a gravidade de seus pecados.

Reencontrando o caminho

As pessoas insistem em não te ouvir.
Andam por seus próprios caminhos.
Buscam muitas coisas, mas tudo é vaidade.
No final, estão sempre sozinhos.

Vagueiam e erram no caminhar,
Pois não tem ninguém para guiar.
Assim, seguem por caminhos desagradáveis,
Tornando seus caminhos e escolhas detestáveis.

Essa vida errante pode mudar,
Basta ao Senhor Deus se entregar.
Os erros do passado, Ele vai perdoar.
Com Deus, uma vida nova terá.

Sozinho, você não mais ficará.
Em boa companhia, você sempre estará.
O nosso Pai celestial te guiará.
Por bons caminhos, você seguirá.

Serão caminhos e lugares abençoados.

Você será conduzido a um lugar alto.

Para a morada eterna com o Senhor.

Que de um mundo triste te livrou.

E para sempre, sua alma, Ele salvou.

Tempo de assolação

Há momentos em que estamos arrasados,
Todos os nossos pilares foram derrubados.
A nossa casa parece estar assolada.
As nossas estruturas foram abaladas.

Somos expulsos de nossa terra,
Enviados a um terrível cativeiro.
Colocados sob grandes tribulações.
Ficamos subjugados, sob pesadas opressões.

Nossos olhos se desmancham no chorar,
Pensamos: "Que mal fizemos para isso nos suceder?"
Em vão gastamos tempo para questionar,
Pois, no fundo, sabemos o motivo disso acontecer.

Fomos desobedientes com o nosso Senhor,
Quebramos a sua santa aliança.
E seguimos muitas maldades e abominações.

Antes dele nos deixar em aperto,

Ele nos avisou e tardou em desviar seu amor.

Tentou de muitas maneiras nos quebrantar.

Deus sempre esperou que pudéssemos mudar,

E para a sua lei, fossemos voltar.

O Senhor demorou a se irar.

Vieram muitas pessoas em seu nome,

Mas não quisemos ouvi-los,

Preferimos as falsas palavras das pessoas.

Agora pagamos caro por isso...

Mesmo com tanta assolação e horror,

Temos esperança na misericórdia do Senhor,

Esperamos o seu perdão e reconciliação,

Pois sabemos que é um Deus de amor.

Deserto e bonança

Às vezes, um grande deserto vem até nós,
Olhamos para o lado e não vemos ninguém,
E nos sentimos muito fracos e sós,
Precisando da ajuda de alguém.

Alguém para me ouvir, alguém que eu possa falar,
Alguém que realmente seja sincero e possa me ajudar.
Procuramos por esta pessoa, mas não é fácil encontrar.
A situação fica pior e começamos a nos desesperar.

Estamos em meio ao desespero e tudo parece perdido.
Vivemos dia após dia e cada um é mais sofrido.
Eu fico em angústia, desespero e preocupação.
Procuro por todo lado e não acho solução.

Quando tudo parecia perdido, uma luz se acendeu.
Veio do alto e de uma só vez, meu problema resolveu.
Foi um grande milagre do grandioso Deus,
Que num piscar de olhos aconteceu.

Agora tudo está novo e renovado,
Eu fico mais feliz e estou despreocupado.
Pois sei que o Senhor está ao meu lado.

Enganos e verdades

Muitos não respeitam a sua palavra.
Acham que a bíblia é apenas uma fábula.
Eles não têm nenhuma reverência por ti,
Pensam que é uma invenção e não existe.

Procuram maneiras de te difamar,
Eles tentam fazer as pessoas desacreditar,
Destroem e queimam muitas bíblias,
Pois acham que em suas vidas têm autonomia.

Estes incrédulos estão totalmente errados.
Eles estão perdidos em muitos pecados.
Em meio aos lamaçais, todos estão atolados.
Muitas vezes estão sendo atormentados.

Pois eles não têm o amor do Senhor,
Um amor que todo choro consolou.
Com um braço forte me abraçou.
E de glória, a minha vida se inundou.

Para o Senhor nos amar, temos que escutá-lo.

Amar a todos os seus mandamentos.

E nos afastar dos absurdos, enganos e pecados.

Assim poderemos ser seus instrumentos.

Vamos ser instrumentos de paz e amor.

Levando a todos a mensagem do Salvador,

Aquele que por todos deu a sua vida.

Para que todos possam conhecê-lo.

Libertando-se de um mundo terrível,

Para conhecerem o amor inexprimível.

Desviando do Senhor

O Senhor separou para si uma nação.

Guiando-a com seu braço forte,

Estavam sempre abaixo de sua proteção.

Com o Senhor, eles tinham uma grande comunhão.

Para se fartarem e não precisarem trabalhar,

Somente ao Senhor Deus, eles deveriam se curvar.

Muitas delícias eram concedidas todos os dias,

O pão, a carne e o mel caíam dos céus.

Tudo era maravilhoso e perfeito,

O Senhor proveu todo o sustento.

Nunca os deixava, nem abandonava,

De muitos males, os afastava.

Todos que se erguiam contra eles,

Com sua destra, o Senhor os derrubava.

Mesmo com tudo isso, deixaram o Senhor.

Servindo a deuses estranhos, imagens de fundição.

Perverteram todos os seus santos caminhos,

Seguindo uma detestável abominação,

Que contaminou todo coração.

Vendo que seus filhos estavam perdidos,

O Senhor enviou os seus escolhidos.

Os profetas, enviados para ensinar,

E todas as almas perdidas, resgatar.

Para aquela nação, isso não adiantou.

Deus já sabia que o seu povo se rebelou.

E a voz dos seus profetas, ninguém escutou.

Após enviar muitos avisos,

Veio o castigo para condená-los.

Eles carregaram pesadas correntes,

Todos os dias choravam amargamente.

Essa foi recompensa pela sua idolatria,

Permanecer no cativeiro por muitos dias.

Desse modo, uma lição foi aprendida:

Para ter uma vida boa, obedeça ao Senhor todos os dias.

O amor de Deus

O Senhor Deus nos ama,

E sua bondade é conosco para sempre,

Ele pede que sejamos obedientes,

E aos mandamentos, sejamos tementes.

Somente a sua voz, devemos escutar,

Só o seu Santo Nome, devemos adorar.

Ele é o Deus verdadeiro que vai nos ajudar.

Dos seus caminhos, não devemos nos desviar.

Fora da sua lei há caminhos incorretos,

São muitos enganos, transgressões e destruição.

Fazendo em nossa vida um grande lamaçal.

Vamos sendo consumidos por um grande mal.

Ao ver nosso estado tenebroso,

O Senhor se mostra um pai muito amoroso.

Ele deseja a nossa sincera conversão,

Ele anseia por ouvir o nosso pedido de perdão,

Deus nos ama e quer a nossa salvação!

Arrependendo-se do mal e voltando ao Senhor,

Ele nos receberá com grande amor,

Assim, nossos pecados serão perdoados.

Todos os erros serão apagados.

Voltaremos a ter uma vida muito feliz.

Pois Deus estará novamente ao nosso lado.

O Senhor em minha batalha

Muitos inimigos tentaram me destruir,
Em outras terras, eles espalharam a morte.
Com todas as suas forças vinham sobre mim.
Eles eram mais numerosos e mais fortes.

Planejavam um ataque que viria de forma violenta,
De uma vez vieram à minha fronteira.
Seus exércitos vinham com marcha barulhenta.
Tentando me colocar em desolação e horror.

Mesmo com tantas ameaças, nunca me preocupei,
Pois tenho o Senhor Deus ao meu lado.
Ele é a minha força, e nele, sempre confiarei.
O Senhor é mais forte do que qualquer soldado.

As minhas batalhas, Ele vai lutar,
Os que se levantam contra mim, Ele vai derrubar.
Deus é o meu guardião e protetor,
De muitos males e perigos, Ele já me livrou.
Sou fiel a Ele e confio sempre em seu amor.

O Senhor é o nosso pastor

Antes, andávamos todos espalhados,
Como filhotes perdidos, íamos para todos os lados.
Não tínhamos ninguém que pudesse nos guiar,
Ninguém que fosse nos resgatar.

O caminho era incerto e sem direção,
Através dele, muitos se perdiam,
E outros, na estrada, morriam.
Com tantas perdas, muitos se entristeciam.

Precisávamos de alguém para nos guiar,
Para que quando uma ovelha se perdesse,
Ele fosse buscá-la com muito amor,
Necessitávamos de um Salvador!

O Senhor viu a nossa necessidade,
E Ele mesmo veio ser o nosso pastor.
Ele nos juntou em um só lugar,
Onde ficamos para adorá-lo e glorificar.

De todas as ameaças, Ele nos livrou,

Os lobos, para longe, os espantou.

E quando alguma ovelha sai de seu aprisco,

O Senhor vai buscá-la com muito zelo.

Colocando-a de volta no seu caminho,

Limpando qualquer sujeira que esteja em seu pelo.

Obrigado Senhor, por nos pastorear.

Graças te damos por muito nos amar.

Que em seu aprisco possamos sempre ficar.

Sabemos que só o grande pastor pode nos salvar.

Daniel

Seu servo foi lançado numa terra distante,
Foi enviado a um estranho local.
Ali, ninguém queria ajudá-lo.
Pelo contrário, buscavam o seu mal.

De muitas formas tentaram acusá-lo.
Várias vezes tentaram matá-lo.
Por todos, ele foi perseguido,
Pois dos reis, era o preferido.

O rei era ímpio e praticava maldades,
Mas ao ver a vida daquele servo.
Percebeu que ele seguia o Deus da verdade.
O único Deus que tudo pode fazer.

Com fé em Deus, ele foi salvo muitas vezes,
Por mais que tentassem abatê-lo,
Logo vinha o anjo do Senhor.
Para de todo o mal protegê-lo.

Com seu servo, Deus foi fiel.

Nunca o deixou perecer, nem se abater.

Sempre o salvou com o seu poder.

Sobre todos, Daniel pode vencer.

A salvação

Pense em um novo lugar,

Onde choro e tristeza não há.

Nem luta, nem guerras e nem dor.

Haverá somente muita paz e amor.

Eu sei que parece impossível acreditar,

Mas este lugar maravilhoso existirá.

E todos nós poderemos estar lá.

O Senhor Jesus Cristo, você deve aceitar.

Para que Ele possa te salvar.

Siga o Senhor, ame-o de todo o coração.

Creia intensamente e peça o seu perdão.

Jesus defende a sua causa.

E te leva à plena e perfeita salvação.

Um novo tempo em sua vida vai começar,

Pois a salvação você possuirá.

Todos os dias, Jesus te guiará.

Em caminhos agradáveis, Ele te colocará.

Os males que se levantam, Ele espantará.

Depois de uma vida muito abençoada,

Chegará o tempo de voltar ao Senhor,

Voltaremos à nossa morada celestial.

Onde viveremos o mais puro e intenso amor.

Afastando-se do caminho

Muitas vezes, insistimos em te contrariar.
Não te obedecemos, não te ouvimos.
Insistimos em não fazer o que nos manda.
Sua vontade, queremos ignorar.

Fazemos aquilo que nos é agradável.
Deixamos a sua lei e conselho.
Pensamos que tudo que existe é aceitável.
Mas isto é uma grande mentira!
Uma mentira daquele que quer destruir nossa vida.

Ele trabalha para que nos afastemos de Deus,
Para sermos ovelhas perdidas do rebanho.
Dando chance para seus lobos nos devorarem,
E à morte e destruição nos levarem.

Estes inimigos nos odeiam demais!
Não aceitam que Deus seja nosso pai.
A todo custo querem nos destruir.
Da glória de Deus, querem nos destituir.

Por isso é importante se submeter ao Senhor,

Desses males, somente Ele pode nos proteger.

Só Jesus é o nosso Senhor e Salvador.

Por nós, Ele tem um imenso amor.

Ouça o que diz a voz do Senhor:

Filho renuncie o pecado e volte a seu pastor,

Pois somente eu, o Senhor, posso salvar a sua vida.

E a vida eterna, posso te dar.

Basta me amar e meus mandamentos aceitar.

Voltando ao caminho

A voz de Deus, não queremos escutar.

Preferimos fazer só o que nos interessa.

Mudamos o nosso foco e fazemos outros planos.

Esquecemos Deus, deixando-o na reserva.

O caminho do Senhor fica como plano "B".

Só queremos Deus, se algo acontecer.

Pensamos: "Em nossa vida, nada vai mudar,

Seremos desobedientes e de igual maneira, tudo ficará."

Nesta mentira, você não deve acreditar.

Fora do caminho de Deus, em perigo, você está.

A todo o momento o inimigo tentará te destruir.

Por caminhos tenebrosos, ele te fará seguir.

E fará você achar que tudo é normal.

Você ficará cego e não verá o quanto é mal.

Se errar, o Senhor prontamente te corrigirá.

Como um pai bondoso, Ele vai te educar.

Em sua vida, o Senhor fará uma correção.

Pode ser através de uma grande tribulação,

Para que você possa mudar o seu coração.

Deus quer ver você mudar,

Em sua vida, Deus quer ser o primeiro lugar,

Quer que a voz do Espírito Santo, você volte a escutar.

Deixe-o agir e a sua vida mudará.

Depois que Deus te transformar,

Na vontade dele, a sua vida se firmará.

Agora, Deus guiará o seu caminhar.

Ao Senhor, você sempre irá agradecer.

Pois Ele não te deixou perecer,

Do triste caminho, Ele te livrou.

E a sua vida, Ele salvou.

A proteção da família

O demônio quer destruir as famílias,
Na vida do casal, ele coloca muitas armadilhas.
Ele usa muitos meios para fazer isso.
Com suas armas malignas, ele ataca todos os dias.

Porque a família é um projeto do Senhor.
Em nossos corações, Ele colocou o amor.
E o amor deve ser compartilhado.
O casal sempre terá Cristo ao seu lado.

Com Jesus, um ótimo caminho será feito.
Ele protegerá a família com seu escudo poderoso.
O casal feliz estará sob a cobertura perfeita.
Toda armadilha e tentação serão desfeitas.

Entregue sua família ao Senhor Jesus Cristo.
Só Ele poderá te livrar de muitos perigos.
Toda a sua família poderá se salvar.
E sob a luz e bênçãos, todos vão ficar.

Libertado do pecado

Uma pesada algema estava em mim,
Com ela, era difícil caminhar.
Pensava em seguir muitos caminhos,
Mas por onde andava, ela sempre me atrapalhava.

Parecia que eu era um escravo.
Só que não era uma escravidão comum.
Eu era um escravo do pecado.
Eram muitos pecados que corroíam minha vida.
Minha alma parecia estar ferida.

Necessitava urgentemente de liberdade.
Precisava sair daquela prisão da maldade.
Muitos eram os meus lamentos.
E todos os dias, novos sofrimentos.

Um dia, veio minha sonhada liberdade.
O Senhor veio até mim com a chave.
De minha prisão, Ele me libertou.
Para mim, uma vida nova começou.
De tudo o que era maldade, Ele me livrou.

Agora vivo sob a proteção do Deus de amor.

Aquele que de todos os males me livrou.

Com seu braço forte, Ele me resgatou.

Somente a Ele vou adorar,

Pois só a sua misericórdia pode me libertar.

Jesus, nosso advogado

Não julgue, para não ser julgado.

Não condene, para não ser condenado.

O próprio Jesus não veio para nos julgar.

O Senhor veio para nos salvar.

Em nossa causa, Ele vai advogar.

Quando o inimigo te acusar,

Jesus está pronto para refutar.

De toda a acusação, o Senhor te livrará.

E o mal do inimigo será derrotado.

Com Jesus, uma vida nova iniciará.

De baixo de uma proteção excelente, você permanecerá.

Para isso começar, basta uma coisa acontecer:

Confessar a Jesus como Senhor e Salvador.

Aquele que confessar a Jesus irá se salvar.

Pois, diante de Deus-Pai, Jesus vai nos confessar.

De um inferno terrível, Ele te afastará.

Para a vida de eterna paz, Ele te conduzirá.

Arrebatamento

No grande dia, acontecerá como relâmpago.
De repente aparecerá desde o oriente ao ocidente.
Muitos ficarão sem saber o que fazer.
Eles pensarão: "O que foi isso que vimos acontecer?"

O que aconteceu foi a volta do Filho de Deus.
Jesus Cristo voltou e buscou os seus.
Recolheu a todos os que eram retos e justos.
Deixando somente o mal neste mundo.

Os que ficarem pensarão: "Como pode ser?"
Sem Deus, em trevas este mundo vai parecer!
Isso será a dura e verdadeira realidade.
Sobre isso, o Senhor muito avisou.
Mas infelizmente não foi todo mundo que escutou.

As pessoas deixaram a palavra de Deus de lado.
Todos preferiram permanecer em seus pecados.
Eles se afastaram dos caminhos retos e justos,
No momento do sofrimento se lembraram de Cristo.

Não deixe isso acontecer com você.

Não espere ver para depois crer.

Aceite Jesus como Senhor e você não vai se arrepender.

Pois a vida eterna, Ele vai te dar.

E de muitas tormentas e tribulações, Ele te livrará.

As maravilhas de Cristo

Por toda a terra de Israel, o Senhor andava.

Pelas suas mãos, muitas pessoas foram curadas.

De todas as enfermidades elas eram saradas.

As notícias de seus feitos se espalhavam.

Por onde passava, todos te reconheciam.

Ao se aproximar de algum espírito maligno, este temia.

Pois sabia que no inferno, o Senhor o lançaria.

Cumprindo a grande promessa de Deus:

Que de todos os males nos livraria.

De muitos males, a sua mão os livrou.

Curou doenças, limpou a lepra e os demônios expulsou.

Quem tem esse poder é Jesus Cristo!

Só o Filho de Deus pode fazer tudo isso!

Além disso, Ele deixou uma linda mensagem.

Que amássemos uns aos outros,

E com nossos irmãos, praticássemos a bondade.

Assim deixou claro o propósito daquele que o enviou,

Confirmar que o Senhor é o Deus de amor.

Ele tanto nos amou que seu filho entregou.

Ele foi humilhado e na cruz crucificado.

Jesus Cristo fez tudo isso por amor.

O seu sacrifício foi o que nos salvou.

Sobre si, os nossos pecados, Ele levou.

Depois de três dias, ressuscitou e aos céus se elevou.

Ao lado de Deus, Ele sempre será nosso intercessor.

Conosco, o seu Espírito Santo é nosso consolador.

Aguardamos e vigiamos todos os dias.

Até que finalmente o Senhor faça a segunda vinda.

Obrigado por Jesus Cristo

Jesus, o Senhor foi o Santo de Israel.

O verdadeiro Deus Vivo, o Emanuel.

Por um tempo, esteve aqui conosco.

Para nos consolar, enxugar as lágrimas do rosto.

Uma nova vida, Ele veio nos propor,

Sob a cobertura e a bênção do Deus de amor.

O Deus que deseja nos salvar.

Jesus veio para nossos pecados carregar.

Para que tivéssemos a chance de nos limpar.

Sobre si, as nossas falhas e erros, Ele levou.

Todas as nossas enfermidades, Ele sarou.

A glória de Deus para as pessoas, Ele revelou.

E o mais importante: o nosso pecado, Ele perdoou.

O Senhor fez uma nova aliança conosco.

Ele fez um pacto perpétuo.

Demonstrando que sempre será um Deus amoroso.

Que sempre teve muito amor por seus filhos.

Pagando um alto preço para salvá-los.

Pois em nosso favor, Deus deu Jesus Cristo.

Tivemos uma nova oportunidade para viver.

A esperança da vida eterna, pudemos conhecer.

Obrigado, Senhor, por fazer isso.

Obrigado, Deus, por enviar seu Filho.

A graça da salvação

Quando um pecador se arrepende,

Mudando de vida e obedecendo ao Senhor,

O inferno treme! Pois um escravo se libertou.

E agora, viverá uma vida de amor.

Ele amará aquele que o salvou,

De um lamaçal fedido, ele foi retirado.

O choro em seu rosto foi enxugado.

De agora em diante, será cheio de sorriso,

Pois está seguindo o verdadeiro caminho.

Está ao lado de seu amado Pai.

Deixando tudo de Satanás.

Sobre sua vida, o diabo não tem poder.

Dia e noite, os anjos de Deus vão proteger.

Tudo o que fazer será para o Senhor.

Demonstrando toda a sua gratidão e amor.

Somente o Deus poderoso, ele vai louvar.

Nunca se esquecendo do dia em que Deus veio para salvá-lo.

Desta maneira, somente Deus pode amá-lo.

Retirando-o da morte, e levando-o à vida eterna.

De volta ao evangelho

Senhor, nós sempre gostamos de pedir.
Procuramos-te quando algo queremos conseguir.
Vamos a ti com interesse de ser recompensado.
Tornamo-nos servos infiéis e desprezíveis.
Pois esquecemos o evangelho que por Cristo foi pregado.

Jesus pregou a salvação e a vida com humildade.
Não uma vida cheia de bens e de vaidade.
O Santo Evangelho veio para nossa alma se salvar.
Não veio para as nossas vontades deliciar.

O Senhor quer que o adoremos de todo o coração.
Deus deseja que amemos os nossos irmãos.
Se a riqueza e os bens passamos a desejar.
Logo o nosso coração vai se contaminar,
E das palavras de Deus, ele se esquecerá.

Todos os dias, precisamos consultar o evangelho.
Em nossas vidas, o seu ensinamento devemos aplicar.
Nele está contida a chave para nos salvar.
Se isso não for feito, estaremos negando a Cristo.
Negaremos o seu ensinamento e sacrifício.

Nunca é tarde para voltar ao evangelho.

Não se encante pelos bens materiais.

Olhemos para a graça da salvação.

Que é o melhor presente que Deus pode nos dar.

Jesus, o bom pastor

Senhor Jesus, existente desde o princípio.

Ele estava com Deus desde o início.

Participando de toda a criação.

Já demonstrando quão poderosa é sua mão.

Sua mão tem poder para suas ovelhas juntar.

Recolhendo-as por todas as partes,

E colocando-as em um só lugar,

Dentro de seu bom aprisco,

Pois o Senhor é um pastor com compromisso.

O compromisso de suas ovelhas proteger.

Não deixar nenhuma se perder.

Como o Senhor é um bom pastor!

Livrou todas do destruidor.

Por suas ovelhas Ele tem um grande amor.

Amou-as tanto, que por elas se entregou.

Padecendo por cada uma delas.

Tudo para que pudessem se livrar.

Livrando-as daquele que deseja espalhar e matar.

Jesus enfrentou tudo para nos salvar.

A sua vida, Ele entregou.

Para que as ovelhas que o seguem,

No último dia, possam ressuscitar.

Algo errado

Estou vivendo e me sinto preso.
Parece que tem algo estranho em minha vida.
Sinto como se algo não estivesse correto.
É como se em minhas costas carregasse um peso.

Um peso que vai dificultando o meu caminhar.
Por mais que quero fazer o meu melhor,
Nunca consigo me levantar.
Fala Senhor o que está errado em minha vida!

Preciso saber o que me impede!
Preciso saber o que sempre me prende!
Deus, dê-me uma resposta!
Pois quero sair dessa vida morna.

Após pedir, Deus me mostrou.
Foi algo que no profundo me tocou.
Através de um querido pastor,
Veio a grande resposta do Senhor.

Foi algo dito mais ou menos assim:

Meu filho, eu te digo o que está errado.

Você se diz em minha presença,

Mas, no fundo, você vive mascarado.

As minhas obras, você quer fazer.

Mas a minha lei, não quer obedecer.

Vive como um homem duplo,

É uma benção dentro da igreja,

E lá fora, é um escravo do mundo.

Vivendo assim, nada vai mudar.

Você precisa decidir em qual lado vai ficar.

Ou vem para mim, com temor e rosto descoberto.

Ou então, fica se fingindo de bonzinho.

E no final, vai queimar no inferno.

Depois de uma palavra tão forte, eu me decidi.

Joguei a máscara fora e somente ao Senhor vou servir.

Entendi que somente Ele tem o melhor para mim.

Somente nele vou permanecer até o fim.

A ceia do Senhor

Em sua ceia, comemos o seu corpo,

E bebemos o seu sangue.

Temos fé em sua santa palavra.

Sabemos que com o Senhor,

Temos uma nova chance.

Chance de nossa alma salvar,

Oportunidade de para o seu nome confessar.

Pois ceando com o Senhor,

Em seu corpo podemos participar.

O vinho é para o sangue derramado simbolizar.

O pão é para a sua carne demonstrar.

Ao tomar, eu digo para o mundo:

Eu creio no seu grande sacrifício!

Creio na ressurreição no dia prometido.

Agora, o Senhor está em mim.

E eu estou no corpo do Senhor.

Sinto-me com novo vigor.

Pois faço uma nova aliança de amor.

Professando a minha fé em meu Salvador.

Jesus reviveu e em nosso meio está.

Tenha uma intimidade maior com Ele.

Em sua ceia, venha participar.

Tomando-a verdadeiramente, você vai se reconciliar.

Em sua vida, Cristo sempre permanecerá.

Um mundo sedutor e o amor de Deus

As coisas do mundo querem te seduzir.

São mostradas coisas belas tentando te iludir.

Você pensa: "É tudo lindo e maravilhoso!"

Mas é tudo é uma grande armadilha do inimigo.

Pois a sua vida, ele quer destruir.

O primeiro passo é da igreja te desviar.

De todas as maneiras, um mundo belo, ele vai te mostrar.

Na tevê, rádio, internet, amigos ou mesmo na rua.

Ele faz de tudo para você se afastar de Deus.

Assim, sua vida, ele vai tocar.

Ao te tocar, não será um toque suave.

Será um toque que te leva à morte.

Pouco a pouco, em algo, ele vai te viciar.

Assim, distante de todos, você vai ficar.

E a sua vida, ele vai arruinar.

E um vício vai te levar a outro.

Quando perceber, parecerá um morto.

O seu corpo foi quase destruído.

Muitas vezes você se pergunta:

Como ainda posso estar vivo?

Você está vivo, pois Deus te amou.

E da morte, muitas vezes, Ele te livrou.

Em você, o Senhor sempre acreditou.

Acreditou que um dia você iria mudar,

Para os seus braços carinhosos iria voltar.

Com seu Pai maravilhoso se reconciliar.

Deus nunca vai te abandonar!

Por mais que pareça que tudo está perdido,

Não desista! Pois você é filho do Todo Poderoso.

Arrependa-se do mal de todo o coração.

E o Senhor estenderá a sua mão.

Do abismo profundo, Ele vai te puxar.

Em um lugar limpo e renovado, Ele vai te colocar.

Os pecados e erros, Deus vai apagar.

Para que uma vida nova possa começar.

Uma vida de paz ao lado do Senhor,

Professando a Cristo como seu único Salvador.

Lembrando-se sempre de onde Ele te tirou.

Agradecendo todos os dias por seu grande amor.

O Espírito Santo

O Senhor se elevou depois que ressuscitou.

E os seus amados, Ele não abandonou.

Pois o Espírito Santo conosco ficou.

Para que pudesse nos consolar.

Para que Ele possa sempre nos ajudar.

O Espírito Santo é o doce consolador.

É o que todo dia aumenta nosso amor.

Ele conecta o nosso espírito a Deus.

Para que intensamente possamos adorá-lo.

O Espírito Santo, pudemos conhecer.

Para que o bem de Deus pudéssemos ver.

E do pecado pudéssemos nos convencer.

Pois somente o amor de Deus tem tal poder.

O Espírito Santo é quem nos transforma.

Só Ele pode vir e nos quebrantar.

Pois Ele não vem com a razão.

Ele vem com o amor de Deus direto no coração.

Para o Espírito Santo habitar em você,

Primeiro é necessário se purificar,

Com muito jejum, bíblia, louvor e oração.

Deste modo, Deus vai te agraciar.

E sobre você, seu Santo Espírito virá.

A tentação e a proteção

Todo dia eu preciso me santificar.

Porque toda vez que acordo,

Logo vem o pecado para me tentar.

Dos caminhos de Deus,

O maligno quer me desviar.

O diabo levanta muitas pessoas,

Que se dizem ser meus amigos,

Falam coisas que parecem agradáveis.

Não falam por si próprias,

Estão fazendo a vontade do inimigo.

Todo o potencial, o maligno vai usar.

Uma guerra contra meu espírito, ele vai declarar.

Tentando de toda maneira me enganar,

Para que diante de Deus possa me acusar.

Eu sei que viver nesse mundo parece difícil,

Mas, como disse antes, é preciso me santificar.

Para isso, tenho que orar, jejuar e na bíblia meditar.

Fugindo dos males e das tentações.

O Espírito Santo comigo estará.

E tudo que se levantar contra mim, por terra cairá!

Tenho Deus, que pode me proteger.

Ele me dá forças para vencer o mal.

Ele envia seus anjos que vão limpando o caminho.

Nunca me deixando sozinho.

Que a mão de Deus comigo sempre esteja,

Durante o bom momento e também na peleja.

Que a vontade de Deus seja feita,

E minha vida seja sempre direita.

A maravilhosa salvação

Pela graça de Jesus somos salvos.

Por seu amor fomos libertos do pecado.

Temos agora a plena liberdade.

Só o Deus Todo Poderoso para fazer tal milagre.

Foi o milagre da nossa salvação.

Dando a todos a oportunidade do perdão.

Livrando o pecador de toda a condenação.

Para nós, o Senhor estendeu a sua mão.

Deus não queria ver a nossa destruição.

Nada podemos fazer para Ele nos escolher.

É o Senhor quem escolhe nos converter.

Pois algo de bom Ele viu em nós.

Ele nos chamou para que em seu Filho possamos crer.

E de nossos pecados nos arrepender.

Após nos arrependermos e pedirmos perdão,

Estaremos totalmente livres da escravidão.

Seremos instrumentos na mão do Senhor.

Na vida de muitos seremos uma fonte de amor.

Uma fonte para anunciar as bênçãos do Senhor.

Assim, muitas almas vamos ganhar,

Muitas pessoas vão se libertar do pecado.

Nós faremos a vontade do Senhor.

Espalharemos a boa nova por todo o mundo.

Sobre o autor

Rafael Henrique dos Santos Lima

Graduado em Processos Gerenciais e M.B.A. em Gestão Estratégica de Projetos pelo Centro Universitário UNA. Cristão pela Graça de Deus. Apaixonado pela escrita (Português, Espanhol e Inglês), poeta e romancista.

Contatos

rafael50001@hotmail.com

rafaelhsts@gmail.com

Blog: escritorrafaellima.blogspot.com

Agradecimento

Os sites abaixo contêm muitas informações úteis para a escrita deste livro.

Google Docs

Agradecimento especial

Agradeço a Deus. Ele me deu a inteligência para escrever os poemas.